27

L n 1349r.

RÉPLIQUE

DE

M. LE BARON DE MARGUERIT,

PROPRIÉTAIRE,

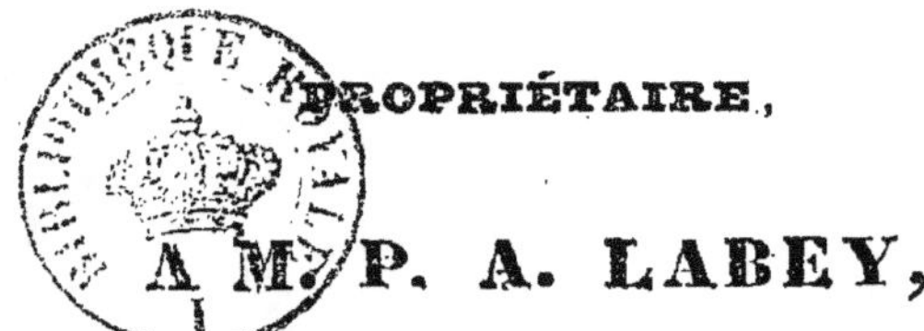

À M. P. A. LABEY,

MAIRE DE BASSENEVILLE (OU BARNEVILLE) , CANTON DE DIVES.

RÉPLIQUE

DE

M. LE BARON DE MARGUERIT,

PROPRIÉTAIRE,

A M. P. A. LABEY,

MAIRE DE BASSENEVILLE (OU BARNEVILLE), CANTON DE DIVES.

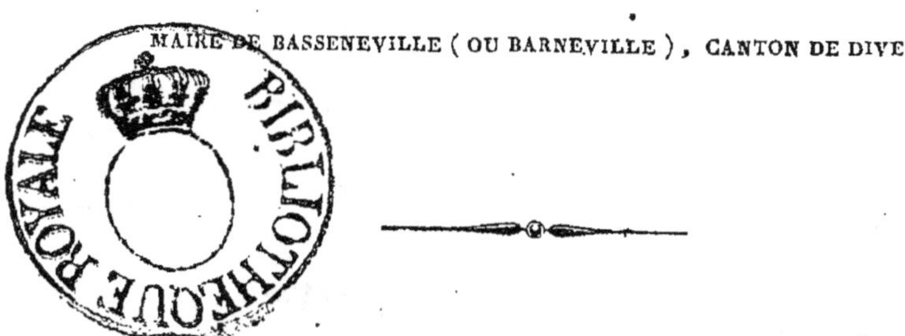

———————————

J'AURAIS pu me dispenser de répondre au libelle que vous venez de répandre contre moi. Vous êtes assez connu pour que personne n'accorde de confiance à vos paroles. Mais, n'y eût-il que deux individus dans l'erreur sur vos calomnies, je tiens à les désabuser; j'ambitionne et j'espère avoir obtenu l'estime de tout le monde. Mais dans cette expression *tout le monde*, je ne vous comprends pas. Les sentimens que vous m'exprimez aujourd'hui sont ceux que je désirais de vous. Dieu me préserve d'en réclamer jamais d'autres. Ils diffèrent essentiellement, il est vrai, de ceux dont vos lettres étaient pleines avant les *glorieux* événemens qui ont fait votre bonheur, à ce qu'il paraît, et le malheur, à-peu-près, de tout le reste de la France. Un homme de votre acabit ne résiste pas aux circonstances : il marche avec elles. J'avais grande raison d'annoncer que s'ils prenaient une certaine gravité, ce ne serait pas de deux croix que je serais gratifié par vous : je vous connais bien.

Vous faites l'énumération des mensonges dont, selon vous, l'écrit que j'ai publié est rempli. Nous allons voir tout-à-l'heure ce qui en est.

Votre conduite comme maire m'a révolté : est-ce sans raison ? on va en juger.

Depuis trente ans que j'ai des intérêts importans dans la commune de Barneville, elle n'a connu que deux maires, M. Pierre Beauval et M. Bidgrain, son gendre, et la meilleure harmonie n'y a pas été un seul instant interrompue. Voilà seulement quelques mois que vous nous êtes imposé, et le trouble est parmi nous. Les débats dans les conseils de la commune sont pleins de *vivacité.* Vous voulez donc autre chose que le bien ; car sur le bien d'une commune il doit y avoir parfait accord.

C'est à l'occasion de la réparation des chemins vicinaux que nous avons trouvé votre conduite insultante et odieuse. Vous convoquâtes pour cet objet les principaux propriétaires forains, comme le veut la loi. Ces propriétaires sont plus ou moins éloignés ; il y en a qui habitent à soixante, d'autres à quatre-vingts, d'autres à cent lieues : je suis du nombre des derniers. La convocation était pour le 10 février 1831 ; votre travail préparatoire n'étant pas fait, la réunion fut ajournée au 24, et les forains durent rester sur les lieux ou s'en retourner. S'en retourner, ou attendre quinze jours à cent lieues de chez soi ! quelle option ! Le 24, une délibération fut prise. Est-ce fini ? Non. Elle ne répondit pas à votre attente. Il est fâcheux, sans doute, que les propriétaires ne partagent pas vos vues ; mais enfin il y eut délibération. Mécontent, et bien résolu de l'emporter à tout prix, vous convoquâtes une seconde assemblée, qui fut fixée au 13 mai suivant. Vous fûtes maître alors, car aucun propriétaire forain ne s'y présenta.

Qu'on calcule maintenant à quoi vous réduisez ces malheureux forains. Arrivés le 10 février, ils sont obligés de séjourner quinze jours, à moins qu'ils ne préfèrent repartir. Vous les rappelez le 13 mai pour assister à la seconde délibération. Voilà donc, de compte fait, trois voyages, ou six cents lieues à faire pour ceux qui, comme moi, habitent à cent lieues de la commune, et cela pour une délibération sur le même objet. Ils peuvent, il est vrai, vous laisser délibérer hors de leur présence, et c'est ce que je fis. Mais que deviennent leurs intérêts livrés à votre probité et à la sagesse de vos mesures ? N'anéantissez-vous pas de fait les droits qu'ils tiennent de la loi ? Si la délibération du 13 mai ne vous avait pas satisfait, vous n'auriez pas manqué d'en provoquer une tous les mois, jusqu'à ce que vous eussiez triomphé.

Était-ce donc sans motifs et légèrement que je me suis plaint ? J'en fais juge tout propriétaire qui lira cet écrit, tout homme équitable. Et vous avez l'air de vous étonner qu'on n'aime pas ce genre de *liberté* ! Faut-il donc être un prodige de sévérité pour trouver une telle conduite blâmable ?

Tels sont les faits qui ont donné lieu à notre correspondance. C'est pour éveiller l'opinion sur cet arbitraire que j'ai rendu le public, dont vous me menaciez dans votre lettre du 29 août 1831, juge de vos procédés. Nous n'avions pas vu de choses semblables sous la *tyrannie* de Louis XVIII et de Charles X ; il fallait la *liberté* qui vous a fait maire de notre commune, pour que nous fussions traités d'une manière aussi capricieuse. Vous êtes ami de la liberté, vous ; mais c'est à condition que nous souffrirons en silence vos actes arbitraires. Moi, j'aime, j'idolâtre la liberté, qui consiste à suivre les lois et à respecter les droits de tout le monde. Nos libertés ne sont pas sœurs, vous le dites, et je le vois.

Je me suis plaint hautement, Je le répète, avais-je tort? Et vous venez, à ce propos, remuer toute ma garde-robe d'enfance! Quand j'ai énoncé mes griefs, j'ai fait voir en même temps votre ignorance, les vices de votre éducation ; c'était un manteau que je vous jetais. Cette intention, qui n'était que bienveillante, et dont vous auriez dû me savoir gré, vous a mis en fureur. Est-ce ma faute, si cette même ignorance vous a empêché de me comprendre? Toutefois, c'est le maire qui avait abusé de ses fonctions que j'ai déféré au public, qu'il avait annoncé lui-même vouloir prendre pour juge entre nous (1). Je n'irai point, à votre exemple, rechercher de quel bois était fait votre berceau. Ma vie, dans son principe, a été comme celle de beaucoup d'autres qui valent mieux que moi, je n'ose pas dire mieux que vous aussi. On saura donc, par vous, le nom de mes premiers maîtres, de ceux qui m'ont donné des leçons de lecture et d'écriture : qu'il y a là d'intérêt ! Comme on aura été émerveillé d'apprendre que, selon l'usage, sans doute, je n'ai pas reçu ces commencemens d'instruction de gens titrés ! Plus heureux, vous, ce sont, on le voit, des gentilshommes qui ont dirigé vos études; à cette époque, vous nous le dites, ils ne savaient pas même l'orthographe. Ce sont évidemment ceux-là qu'on vous a choisis pour maîtres, et personne ne niera que vous n'ayez bien profité de leurs leçons (2).

____

(1) Pas d'équivoque ici. Publier une lettre privée, ce n'est pas la garder dans son portefeuille. Toute votre rhétorique ne peut changer la valeur des mots. Mais vous désavouez ici vos menaces, et vous le faites en voulant dénaturer la langue.

(2) Dans les deux lettres du sieur Labey, que j'ai publiées, j'ai fait remarquer 80 fautes d'orthographe en 48 lignes ! *Proh! pudor... indè iræ.*

Mais était-ce bien cette éducation qu'il fallait à un homme destiné à l'administration d'une grande commune, à s'asseoir sur le siége des magistrats, et à être appelé à un conseil d'arrondissement? Sans doute qu'alors on ne prévoyait pas vos grandeurs. Du moins mes maîtres à moi, m'en ont appris assez pour n'être rien, ce qui ne compromet les droits et les intérêts de personne; personne n'a donc à s'inquiéter de mes études. Pour n'être rien ? je me rétracte ; si l'on s'en rapporte à Rousseau, je suis plus qu'un prince, car je suis laboureur, et laboureur dans toute la force du mot, ce qui ne veut pas dire pourtant que je sois plus riche qu'un prince. Je m'applaudirais de mon état, si les révolutions ne venaient troubler le tranquille bonheur des champs. Je chanterais gaîment avec notre compatriote Segrais :

« Heureux qui vit en paix du lait de ses brebis,
» Et qui de leurs toisons voit filer ses habits. »

Pendant que vous étiez en train de si bien soigner ma biographie, pourquoi m'abandonner à dix ou douze ans? J'étais candide, sans doute, mais j'étais aussi alors,

Jeune et dans l'âge heureux qui méconnaît la crainte.

Il est vrai que si vous m'aviez suivi plus loin, vous m'auriez trouvé dans les mains les rudimens de *Tricot, maître-ès-arts*, et qu'il n'y aurait pas eu moyen de faire de turlupinade sur mon latin devant mes condisciples, sous l'abbé de Lepoz, et surtout sous cet excellent abbé Cerceau , que la révolution dépouilla depuis, et qui, privé de ressources, se fit huissier à l'aide d'un formulaire. Et alors plus de ces quolibets que vous nous donnez pour de l'esprit. Mais vous ne voulez point perdre ces bonnes fortunes. Ma cléricature devait se borner à pouvoir écrire couramment, puisque je ne me destinais pas à l'étude du droit; écrire couramment était de rigueur, parce que, et cela va vous étonner, il faut ce préliminaire pour faire des thêmes et des versions, et qu'en classe il faut souvent même écrire aussi vite que la parole. Ainsi, comme vous voyez, après avoir appris à lire et à écrire de ceux qui, dans les campagnes, savent lire et écrire, et quelquefois l'orthographe, j'ai reçu des leçons de latin de ceux qui savaient le latin. Que de singularités offre mon enfance! et qu'elles valaient bien la peine d'être remarquées! (Pardon, lecteur, je ne fais que suivre mon adversaire.) Bientôt on saura de vous quels sont ceux qui ont lavé mes langes; vous ne devez rien négliger de ce qui a de l'intérêt.

Vous n'en resterez pas là sans doute, et je poursuis, afin que vous ayez suffisamment de matériaux la première fois. J'étudiai l'allemand sous un maître qui s'appelait *Winterheld*, et qui savait l'allemand. Il avait une fille un peu plus âgée que moi. Mlle. Winterheld corrigeait souvent mes compositions. Qu'elle était jolie!.....

> Moi, j'entrais dans cet âge, hélas! si redoutable,
> Qui rend des passions le joug inévitable.

Comme je profitai bien de ses leçons qui me semblaient toujours trop courtes! J'ai conservé mes cahiers. Je mets ce temps au nombre des plus heureux de ma vie. Êtes-vous content? Vous voilà parfaitement au courant de tout ce qui concerne mon instruction scolastique. Attendez, j'ai encore un mot à vous dire à cet égard. Lavater, que vous n'aimez point, dont le nom paraît vous faire mal, ce qui ne m'étonne pas, car c'était un homme dont le génie est européen, et dont les vertus égalaient le génie, Lavater voulut bien, non comme maître, mais comme ami, m'initier, autant que j'en

étais capable, aux finesses de la langue allemande, et quelques conseils de lui me valurent plus que ne m'auraient
valu de longues leçons d'un autre. Vous voulez voir ses ouvrages. Quoi ! les ouvrages d'un homme qui excite si fort vos
dédains ? Eh bien, vous les verrez. Vous ne savez pas le
français, peut-être savez-vous mieux l'allemand. Si cependant vous étiez pressé, vous pouvez vous les procurer, je vous
ai indiqué le titre et l'adresse.

Deux maîtres d'écriture, deux maîtres de latin et un maître
d'allemand ; comme vous allez rire, et vous aurez raison, il
n'en faut pas tant pour finir par être cultivateur. Ce sont, je
suis prêt à le confesser, des études en pure perte : on en a été
plus sobre à votre égard, trop sobre même, si j'osais le dire
sans vous fâcher, et les grandes fonctions pleuvent sur vous !

Je suis tenté de croire que toutes vos recherches sur mon
enfance sont de la bienveillance. Vous me traitez mieux qu'on
n'a traité les plus grands hommes : on ignore encore, et l'on
s'est peu inquiété, je crois, de quels maîtres Rousseau et Voltaire ont appris à lire et à écrire. Voltaire n'a pas été re-
trouvé plus bas que le père Porée, qui fut son principal de
collége. Par vos soins, ces circonstances de ma vie ne seront
plus inconnues. Voilà un travail tout fait et des *tortures* de
moins pour les *Saumaises futurs*. A part mon amour-propre,
je dois convenir qu'on a dû trouver quelque charme à ces détails, grâce à la beauté de votre élocution. Mais trève de mo-
destie aussi de votre part; faites-nous connaître vos maîtres,
afin que nous sachions quels sont ceux qui réussissent si bien à
donner une bonne éducation, il y aura foule dans leurs
maisons.

A la manière dont j'ai été élevé, il se forme de petits cul-
tivateurs comme moi ; mais elle peut former aussi des hommes

illustres : celle du marquis De Laplace, qui a étonné le monde, n'en différa guère. Pauvre esprit que vous êtes! vous eussiez sans doute cherché à l'en faire rougir, s'il avait pris la liberté, en se plaignant de votre despotisme, de douter de votre aptitude à toutes les charges que vous briguez, et que vous briguez avec une constance qui seule suffirait pour prouver votre incapacité. Personne ne naît avec la science, vous excepté ; les plus grands hommes ont appris à lire et à écrire, c'est le commencement. Il fallut aux plus illustres généraux et maréchaux passer par l'*école du soldat*; et comme dit Voltaire :

Rose et Fabert ont ainsi commencé.

Autrefois même, dans les régimens, les officiers devaient apprendre ces premiers principes, comme on les apprend encore aujourd'hui dans les écoles militaires, où se forment les jeunes élèves de Mars. Malheur à ceux qui n'ont pas fréquenté les écoles publiques, qui n'ont pas connu cette camaraderie, qui fait que dans le cours de la vie et jusqu'à son déclin, on se retrouve avec une joie si vive et si pure qu'elle fait oublier les diverses routes, bonnes ou mauvaises, que chacun peut avoir suivies. Vous semblez vous applaudir de ne les avoir pas connues, ces écoles ; on voit assez que vous les avez toujours dédaignées, on le voit et dans votre langage, et dans les lettres que vous écrivez sans le secours d'un secrétaire. Respectez donc les lois ; ne soyez pas le tyran de votre commune : car votre éducation ne vous offrirait pas même, dans l'occasion, la ressource que trouva dans la sienne Denis de Syracuse, qui put du moins être maître d'école.

Maintenant, passons à mes mensonges, que vous relevez par je ne sais combien de vérités. On va les compter.

Le plus grave, sans doute, des faits que vous m'imputez, serait celui qui concerne mes rapports avec François Duhomme. Voyons donc.

Ce fermier me devait en 1836, trois années du fermage d'une métairie nommée le *bois d'Ecouchés*, située en la commune de Barneville, c'est-à-dire 6,871 fr., déduction d'impôt, ainsi que cela est établi par jugemens aujourd'hui ayant force de chose jugée. La récolte de la quatrième année ne présentait aucune ressource ; elle pouvait suffire à peine aux semences et à la nourriture : voilà donc 9,000 fr. de compromis. Le sieur Duhomme avait pris depuis plusieurs années le bail d'une ferme appartenant à M. le comte d'Angerville, et située à Douville. Il avait porté là toutes ses forces, et la mienne était abandonnée ; mais abandonnée absolument et comme s'il n'avait plus dû me payer. Dans les premières années de sa jouissance, ma ferme, bien cultivée, donnait en retour de superbes récoltes ; la commune peut l'attester. La ferme de Douville perdit le sieur Duhomme qui a reconnu depuis la vérité du proverbe : *Qui trop embrasse mal étreint.* J'eus avis qu'il avait le projet de vendre furtivement tout le produit qui lui resterait de sa ferme de Douville, qu'il devait quitter, après avoir acquitté ce qu'il devait sur cette ferme. J'ouvris les yeux ; mais un peu tard pourtant.

On voit, par la position de ce fermier vis-à-vis de moi, que je ne suis pas un propriétaire rigoureux. Ce n'est pas vous qui eussiez laissé ainsi s'accumuler dans les mains d'un débiteur sans biens une somme de 9,000 fr. pendant trois ans ; vous n'y laisseriez pas même 9 fr. pendant trois jours. J'ai besoin de mes revenus comme un autre, et ces retards me mettaient dans une gêne telle que je ne m'en suis tiré qu'en vendant des rentes sur le Grand-Livre. Cependant avant de commencer aucune poursuite, au fort même des poursuites, plusieurs personnes ont porté des paroles de conciliation de ma part au sieur Duhomme; qui, croyant que je ne resterais pas sur les lieux où l'action exigeait ma présence, repoussa tout ce qui lui fut proposé, savoir : un à-compte de 3,000 fr. ou un an de crédit sans intérêt; mais avec caution. Je ne suis pas aimé, dites-vous ; Duhomme sans doute est de mes ennemis. Qu'on juge s'il est fondé dans sa haine !

N'ayant pas d'argent pour me payer, il a cherché à se libérer avec des réclamations. Il avait d'abord prétendu qu'il les porterait à 15,000 fr. ; c'est la moitié du produit des neuf années de son bail, il les a depuis modérées ; elles ne se montent plus en ce moment qu'à environ 10,500 fr. Dans ces réclamations l'objet que vous citez, l'herbage des *Fourches*, figure pour 1,260 fr. Il a prétendu en jouir gratis, et il a fait pour arriver là un entortillage auquel je n'ai pas jusqu'à présent compris un mot. J'ai combattu sa prétention de la manière du monde la plus simple et la plus péremptoire à-la-fois. J'ai produit dix lettres ou comptes de sa main, où il reconnaît me devoir ce fermage en sus de celui de la grande ferme, qui était de 2,850 fr. Il croyait sans doute que toutes ces pièces qu'il m'avait adressées à diverses époques, n'existaient plus ; elles étaient insignifiantes alors, combien elles sont précieuses aujourd'hui ! Il était loin de s'attendre à leur apparition, je vais en faire connaître quelques-unes.

Voici comme il s'exprime dans une lettre signée, écrite de sa main, sous la date du 18 juin 1824 :

« Doit pour l'année 1821, Pâques et Saint-Jean 1822, » par tiers, savoir :

» Pour la ferme d'Écouchés. . . . . 2,850 fr.   » c.

» Pour les Fourches.   140   »

» Total.   . 2,990 fr.   » c.

» Payé. 2,403   10

» Reste dû. .   586   90

Puis il ajoute :

« Vous voyez par cette quittance que l'année 1821 est
» exactement payée, etc.

» *Signé* F. DUHOMME. »

Un autre compte porte ce qui suit :

« Doit pour l'année 1824 :

» Bois d'Écouchés. . . . . ; 2,850 fr.

» Les Fourches.   140

» Le pré aux Prêtres.   75

» Total. . . 3,065 fr.

Un troisième compte de 1828 est ainsi conçu :

« Reste du compte de 1822 et 1823. . . .   813 fr.

» Pour les années 1824, 1825 et 1826. . . 8,970

» Trois années du pré aux Prêtres.   225

» Total. . . 10,008 fr.

» Payé. 5,689

» Reste dû. . . . . . . 4,319 fr.

Le fermage, y compris les Fourches, était, comme on l'a
vu dans la seconde pièce, de 2,990 fr. ; donc les trois années
portées dans ce compte forment bien 8,970 fr., ainsi que cela
y est exprimé. Voilà donc encore ici le fermage des *fourches*
reconnu.

Je pourrais citer nombre de lettres où le sieur Duhomme
établit sa situation, et de laquelle il résulte évidemment qu'il

y comprend , comme dans les pièces ci-dessus , le fermage des Fourches comme m'étant dû.

Les pièces que je viens de citer sont entre les mains de Mᵉ. Mouillard , avoué à Pont-l'Évêque , et je l'autorise à les communiquer à vous et à ceux qui désireraient les voir.

Le sieur Duhomme a réclamé aussi des sommes très fortes pour indemnité de pailles et de fumiers , prétendant qu'il n'était tenu d'en laisser qu'une certaine quantité, et que celle qui était sur la ferme au moment de la résiliation du bail excédait de beaucoup cette quantité.

Le bail notarié du 23 juillet 1829 porte, art. 18 : « N'en- » lever ni pailles ni fumiers à la fin du présent. » Et l'art. 19 : « Par cela même que les preneurs ont reçu toutes » les pailles, ils ne pourront vendre ni faire consommer » aucunes de celles provenant de la dernière récolte. »

Ce bail est notarié , je le répète, il a été signé hors ma présence , sans aucune obsession de ma part : 1°. par Pierre Duhomme , à Douville ; 2°. par François et les autres membres de la famille , à la ferme d'Écouchés ; 3°. et par moi , au château de Barneville. Le notaire , M. Persac, y a exprimé ces circonstances. Je l'autorise à vous communiquer sa minute , à vous et à tous autres qui le désireraient ; et pour que rien ne vous arrête , je prends à mon compte les droits de recherche.

Que de paroles il m'a fallu pour répondre à deux mots d'accusation! Plus laconique , je n'aurais pas été clair.

Si la probité était quelque chose à vos yeux, vous respecteriez celle des autres. Mais qu'est-ce que la probité pour vous? nous le savons , et c'est pour cela que nous voulons assister aux délibérations qui nous intéressent, que nous voulons savoir ce qui s'y passe. Vous n'êtes pas de ces hommes à qui l'on confie sa bourse sans compter. Vous prenez le sieur

Duhomme sous votre protection : pourquoi pas ? ne marchez-vous pas de pair ensemble ? et en fait de probité, vous êtes de même taille.

Voilà une de vos vérités ; en voici une autre. Vous dites que j'ai fait résilier le bail des Duhomme parce que j'ai trouvé un prix supérieur de 500 francs par an. On vient de voir pourquoi le bail a été rompu ; on ne peut prétendre jouir d'une ferme sans payer : c'est un usage, vicieux peut-être, mais enfin c'est un usage. Toutefois, loin de gagner par la relocation, j'y perds au moins huit mille francs. Effectivement, la ferme a été donnée à M. Bellanger au même prix ; mais les bâtimens ont été changés d'endroit et rapprochés de la grande route de Caen à Pont-Lévêque, pour l'utilité uniquement du nouveau fermier. Calculez ces travaux. Le bail de la famille Duhomme n'avait plus que huit années à courir, celui de M. Bellanger en a quinze : or, en renouvelant le bail de Duhomme, j'avais accordé une diminution de 450 fr. par an, avec un juste espoir qu'à son expiration, la ferme mieux tenue, comme on me le promettait, reprendrait sa valeur. Elle la reprendra, je l'espère ; mais cet avantage, il faut l'attendre quinze ans : voilà mon gain. Tout cela est au vu et su de la commune entière, et vous le savez mieux que qui que ce soit, vous, à cause de votre position ; et quand vous publiez que je gagne 500 fr., vous avez menti à la face de tout le pays. Je dis menti, c'est un terme dur et qui ne sort jamais de ma plume ; mais je suis forcé de l'employer ici, il n'y en a pas d'autre pour exprimer l'action de celui qui dit le contraire de la vérité, qui lui est connue.

Passons.

J'avais déclaré que je m'étais déterminé à faire faire pour 1,200 fr. de travaux, que j'aurais pu retarder, mais qu'il m'avait paru utile , dans les circonstances , d'occuper les bras oisifs. J'avais ajouté : « L'adjoint de la commune, qui » était maire alors, m'a puissamment secondé *pour une par-* » *tie de ces travaux.* » Je ne sais combien de mensonges vous avez signalés dans cette assertion , qui est loin d'avoir été exagérée.

D'abord vous dites qu'il s'agit ici des travaux entrepris dans le huitième bassin du bas pays de la Dives , et que je n'ai dépensé pour cet objet que 423 fr. 65 cent. J'affirme moi, sans avoir ici les pièces sous les yeux, que ma part dans ces travaux a été de près du double de cette somme. Je m'en rapporte à l'adjoint, M. Bidgrain, qui a les comptes ; ce n'est pas celui-là que vous avez reçu de lui. Vous présentez des fractions pour simuler une exactitude rigoureuse ; ce n'est qu'un degré de plus dans le mensonge. Mais n'ai-je parlé que de ces travaux ? n'ai-je pas dit que je n'avais été secondé par l'adjoint que *pour une partie ?* Divers réparations et travaux dans les avenues et les haies , ceux des maisons de la ferme d'Écouchés (la maison manable était le seul objet qui ne pût être retardé) ; ces maisons, dont il m'était loisible d'ajourner les changemens, ont porté , avec le bas pays, mes dépenses , non à 1,200 fr., mais à plus de 1,800.

Vous prétendez que les travaux du bas pays étaient forcés ; que le préfet n'eût pas manqué d'y mettre des ouvriers au compte des propriétaires. Vous dites là ce qui n'est pas. Il y a le long de la Dives neuf autres bassins ayant le même sort, exigeant les mêmes travaux que le huitième ; aucun des propriétaires de ces bassins y a-t-il fait travailler ? Le préfet cependant n'a exercé de contrainte contre personne. Eût-il, à votre voix, et à cause de l'intérêt personnel que vous y avez comme fermier, fait une exception pour le nôtre ?

Vous dites oui, et vous lui faites injure ; je dis non, et je lui rends hommage. Il y a bien, par-ci par-là, une tendance à l'arbitraire dans les hommes de la liberté d'aujourd'hui ; mais je suis loin d'accuser M. Target, de celui que, vous, son agent, lui supposez ici. Les récoltes, ajoutez-vous, auraient été perdues sans ces travaux. Cela est faux. Mais quand, à la connaissance de tout le pays, je rédigeai l'acte d'association, que je fis tant de démarches pour l'organisation de notre bassin, avais-je, pouvais-je avoir la prévoyance des temps bons ou mauvais de l'année suivante ? Je ne pus être stimulé par ce motif. Mes intérêts, dans ces cas mêmes, ne pouvaient s'améliorer ou souffrir, puisque je ne jouis d'aucun des prés. Il n'était rien survenu de nouveau. Les choses étaient dans le même état depuis longues années ; elles se seraient prolongées ainsi sans qu'on y donnât plus d'attention. Je prends ici à témoin tous les propriétaires intéressés, tous les habitans de la commune auxquels je n'ai pas caché les motifs de mes pressantes démarches, et vous-même qui les aviez personnellement secondées (1). A part vous, dont la hardiesse est connue, personne ne me donnera un démenti. On a dû être généralement étonné de votre assertion, quoiqu'on ne s'étonne plus guère de ce que vous dites, tant vous êtes connu.

Voilà bien de mes mensonges détruits, et bien de vos vérités qui ont pris leur place.

Vous me donnez, relativement à l'impôt mobilier que je

---

(1) Personnellement secondées ? dans votre intérêt, entendons-nous ; car vous, qui n'êtes ni dur ni égoïste, n'avez pas de votre vie eu d'autre mobile. Vous trouviez à ces travaux deux avantages particuliers : 1°. ils sont utiles au desséchement des prés que je vous ai loués ; 2°. ils améliorent une ferme de 2,550 fr. que vous tenez de M. le marquis de Beaumont.

paie à Paris, un démenti de ce ton qui est dans vos habitudes, et que je suis las de caractériser. Je vous répète que je l'y paie depuis trente ans. Vous me dites qu'on ne paie point cette sorte d'impôt à Paris; qu'il est remplacé par l'octroi. Pour un maire, vous avez de pauvres connaissances sur l'administration. L'octroi se perçoit aux barrières sur les objets de consommation; l'impôt mobilier frappe sur les valeurs locatives et est proportionné au prix des loyers (1).

Mettez un prix à la vérité sur ce point, et nous serons jugés sur la représentation de mes quittances. J'ai celles d'au moins dix ans.

Vous avez ramassé contre moi, et vous reproduisez, avec l'exagération dont vous n'êtes pas sorti, les plus petites discussions que je puis avoir eues. J'avais oublié celle avec le sieur Hoybel-Coudray; il a vu trouble, s'il croit que j'avais une épée dans ma chambre; il n'y avait qu'un mauvais *briquet*, sans fourreau, qui y est encore; il ne m'a pas fait mettre les pouces; l'innocence de ses *crâneries* est bien connue : c'est un homme de quatre pieds de haut et de six pieds de tour, qui a moins la forme d'un homme que celle d'un tonneau; il n'a jamais provoqué personne. Je ne mets pas les pouces, et celui qui oserait soutenir le contraire en a menti par sa barbe; vous le dites sans y croire; et votre but unique encore ici est la diffamation. Notre

---

(1) L'avertissement pour l'année 1831, porte ce qui suit :

2°. Arrondissement municipal.

M. le baron de Marguerit, rentier.

Personnel.	6	97		
Mobilier, pour un loyer de 1,500 fr. . . .	46	97	53	99
Avertissement.		05		

Folio 40, art. 253. — M. Clouet, receveur.

prétendue querelle fut, dites-vous, à l'occasion de réparations au pré des *Neuf-Clos*. Cette propriété n'est pas à moi;
j'aurais mis une singulière chaleur à ce qui ne me regardait
pas. Je vous répète que vous dénaturez une discussion insi-
gnifiante, et par conséquent que vous mentez encore ici
comme partout, et en toutes choses.

Ma discussion avec le sieur Desloges devait vous avoir aussi
pour apologiste. Cet homme vint, il y a quatorze mois, me de-
mander à louer l'herbe de la pièce des *Grands-Bois*, en labour, pour y mettre, disait-il, pâturer un cent de moutons.
Un mois après, me supposant parti, au lieu de moutons il y
amena dix gros bœufs qui auraient détruit la pièce. Je fis
prendre par le garde-champêtre et deux ouvriers, tous ces
bœufs qui furent conduits dans l'herbage le *Jardin Paulmier*,
que je lui ai affermé. Vous trouvez cette conduite loyale !
Pourquoi pas ? Elle est à votre mesure, c'est votre ami. Il me
dit des injures grossières ! A-t-il jamais dit autre chose ? Je le
priai, en présence de trois témoins (Jean Guillot, Benard et
Levêque) de revenir le lendemain pour terminer, s'il lui
plaisait, plus noblement qu'avec des injures : il me le promit...
Je ne l'ai pas revu !

Deux mots sur M. le Lièvre, car je veux répondre à tout.
Voilà encore un homme qui ne peut vous avoir autorisé à m'oppo-
ser son nom; c'est à lui à s'en expliquer avec vous. Nous n'avons
jamais eu ensemble le plus léger dissentiment. Je ne l'avais
pas vu depuis trente ans et plus, je crois, lorsqu'il vint, il y a
un peu plus d'un an, m'apporter, au château de Barneville,
une lettre de la part de M. le marquis Turgot. Il me demanda
le bail d'un herbage qui était à sa convenance; vous en jouis-
siez et je lui répondis qu'à moins qu'il ne donnât un prix supérieur au vôtre, je ne pouvais agréer sa proposition. Je lui

demandai pour lui répondre le temps de savoir vos intentions, parce qu'en cas d'égalité de prix la préférence vous était due. Quand le moment de traiter arriva, son offre n'alla pas au-dessus du prix de votre redevance et je vous fis un bail. Nos paroles à l'un et à l'autre furent de la plus grande politesse. Je ne sais rien de plus. Imposteur, vous n'en savez pas davantage et je vous donne ici un démenti. Le reste regarde M. le Lièvre.

Il faut que ma mémoire s'affaiblisse beaucoup, car je n'ai pas le moindre souvenir de ce que vous me dites à l'égard de M. Lecarpentier de Bellemare. Je ne confonds point cet homme honorable avec le sieur Desloges, dont je viens de parler. Il a une lettre de moi, dites-vous. J'aurais désiré la connaître plus particulièrement; elle m'aurait sans doute fixé sur l'affaire dont il s'agit. Vous avancez que j'ai allégué, pour ne pas conclure une affaire commencée avec lui, une erreur de 3oo fr. ; c'est par an sans doute, car il s'agit du bail d'une ferme. C'est quelque chose qu'une pareille erreur quand le bail doit être de neuf ans. Eh bien ! une erreur peut se rectifier toutes les fois qu'un acte n'est pas signé : on peut même être restitué quand c'est une erreur de fait. *Error facti non nocet,* dit la loi romaine (ce latin est pour celui qui vous a prêté sa plume), et ce serait une erreur de fait ici : ce genre d'erreur est destructif de tout engagement. Quoi qu'il en soit, est-ce que cela me regarde? M. de Bellemare était fermier de M. le marquis de Beaumont et non de moi. J'aurais été un intermédiaire officieux entre les deux parties et rien de plus. Je n'aurais pas fait une chose malhonnête pour mon compte, aurais-je voulu la faire pour le compte d'autrui? M. de Beaumont l'aurait-il approuvée ? Tout cela est hors de question. M. de Bellemare *m'envoya promener,* dites-vous. Quoi ! c'élait en 1821, et il y a bien vingt-cinq ou trente ans que je n'ai vu M. de Bellemare ; je ne crois pas l'avoir vu trois fois en ma vie, et il m'aurait traité ainsi en 1821 ! Arrangez cela si vous pouvez. Vous me citez là un nom que j'honore, mais je pense que l'explication que je donne me justifie pleinement aux yeux de tout esprit droit. Je ne suis blâmable qu'à vos yeux ; mais vous savez depuis long-temps le cas que je fais de votre opinion, le cas qu'en fait tout le monde.

Encore M. Jacques Lecomte ! J'avais dit de lui, à la fin de ma première brochure, tout ce qu'il fallait en dire. Vous voulez que je revienne sur cette affaire ; je ne m'y refuse pas. Il y a tant d'honneur pour vous ! Sans doute vous avez cru que je ne vous répondrais plus : eh bien ! donc, de quoi s'agit-il ? A vous entendre, M. Lecomte aurait été mon fermier et je l'aurais trompé. Rien de cela. Il était fermier de M. le marquis de Beaumont pour 6,700 fr. par an. Son bail était de neuf ans. Dès le principe il lui a écrit directement tout ce qu'il avait à lui écrire. Que ne me recherchez-vous aussi pour les fermiers de Mme. Rapp, de M. Cambacérès, etc. Je suis donc responsable pour tout le monde. Vous m'attaquez toujours pour le compte d'autrui. Au fait ! M. Lecomte a succédé, dans la jouissance de sa ferme, à M. Lecarpentier-Bellemare. Voulez-vous dire que M. Lecarpentier-Bellemare n'a pas fait scrupuleusement en quittant les réparations qu'il devait ? Personne ne vous croira. M. Lecomte a donc eu satisfaction à son entrée en jouissance. Vous lui succédez aujourd'hui ; il vous doit les réparations comme il les a reçues de M. Lecarpentier, et il ne les refuse pas. Mais cela ne vous suffit point ; vous exigez que tous les objets quelconques, barrières, balis, pots (il n'y a point de maisons sur la ferme), vous soient donnés, non seulement en bon état, mais dans un état tel qu'ils puissent durer tout le cours des neuf années de votre bail. Y a-t-il dans cette prétention une ombre de raison? Où en seraient les propriétaires s'il fallait remettre à neuf des objets qui ont encore six, huit années de durée? Vous voulez échapper à la clause qui vous oblige à remplacer tout ce qui périra pendant votre jouissance. Mais que vous y échappiez ou non, que m'importe! Encore une fois il s'agit de la ferme de M. de Beaumont. J'ai reçu une lettre de vous à cette occasion; que vous ai-je répondu? Adressez-vous à M. de Beaumont; j'ai bien assez de mes affaires. Montrez ma lettre. Vous avez depuis écrit directement à M. de Beaumont; il m'a dit vous avoir répondu. Sa réponse vous me l'avez attribuée, quoique je fusse à trente-cinq lieues de lui, et vous vous ruez sur moi pour une chose qui m'est si étrangère, pour laquelle vous avez correspondu (il n'y a pas deux mois) avec le propriétaire lui-même! Qui ne serait révolté de cet excès de méchanceté?

Êtes-vous autorisé par M. Dumarest à parler des discussions qui nous ont divisés? J'en doute; vous en parleriez plus exactement. Notre procès ensemble n'a pas roulé sur quatorze chefs; je n'ai pas ici les pièces pour m'en assurer, mais ce fut sur quatre ou cinq au plus. Je n'ai pas perdu sur tous ces chefs, puisque le procès n'a pas été définitivement jugé. M. Dumarest a un bon esprit; il vous l'a prouvé tout récemment en gagnant un procès important que vous suiviez contre lui. Nous nous arrangeâmes à l'amiable et sans intermédiaires. Souvent il m'a dit qu'il regrettait cette discussion; je lui ai avoué, de mon côté, qu'elle m'avait affligé aussi, parce que des personnes honnêtes ne doivent avoir d'autres juges qu'elles-mêmes. Je fis enregistrer et déposer son bail? Cela est vrai. Mais vous, magistrat, apprenez-moi comment il est possible de plaider sur quatorze articles d'un bail, même sur cinq,

sans enregistrement et sans un dépôt, qui en prévienne la perte ?
Voilà le seul procès que j'aie eu en trente ans, dans le pays où
mes propriétés sont de quelque importance (à part celui que
me fait aujourd'hui le sieur Duhomme). Je me reprends :
j'en ai eu un autre très insignifiant et que j'ai gagné. Croyez-
vous que, dans ma position, j'aie trop abusé des tribunaux ?

Vous avez coté mes mensonges ; voyons combien il y a de
vérités dans ce que vous dites sur la famille Hérout. Cette famille quitta la Roque-Baignart pour prendre ma ferme *d'E-
couchés* en labour. Elle était criblée de dettes lorsque je trai-
tai avec elle : je l'ignorais. Elle s'en libéra , mais aux dépens
des récoltes de la ferme. Elle ne me paya point ; sa position
l'obligea même à négliger la culture ; et la terre cessa de
porter les belles récoltes qu'elle avait produites jusque-là. Le
bail fut résilié A L'AMIABLE au profit de M. Turgis d'Angerville (1). La famille Hérout me donna en paiement les récoltes, les ustensiles aratoires , et le mobilier vif, qui furent
estimés par M. Jean Senoze et le fermier entrant. Ce dernier
reprit tout de moi à l'instant même et avec une perte
de 3,200 fr. ; tout cela fut l'ouvrage de deux heures. Il n'a
pas été employé dans cette affaire une seule feuille de papier
timbré ; je me trompe : il y en eut une, mais une seule, sur
laquelle j'écrivis , en présence de témoins , qui existent en-

---

(1) M. Turgis est aussi dans votre liste. Un mois après qu'il eut traité de
la ferme d'Écouchés , il me parut contrarié de n'avoir pas de bois de chauf-
fage. Je lui fis présent à l'instant d'une des haies des avenues qu'il vendit
200 fr., à ce que j'ai appris. Je n'ai pas eu en ma vie la plus légère difficulté
avec lui. S'agit-il de son fils ? Il était fermier , il y a deux ans, de M. de Beaumont. Il rétrocéda son bail , reçut les fermages de son cessionnaire , et n'a pas
payé. On le poursuit. Que m'importe ? Gens honnêtes , c'est à vous que je
parle !

core , une quittance de trois mille francs , sans recevoir un centime. Je perdis donc avec cette famille au moins 6,200 f., outre les réparations , qu'elle ne fit point. Elle s'en retourna avec un mobilier plus considérable que celui qu'elle avait apporté : car celui-là n'était plus grevé de dettes. Il lui restait des maisons et d'autres biens, qui auraient pu servir à mon paiement. La veuve Hérout, âgée de 75 ans, mourut long-temps après.

Tels sont les faits : ils sont connus de tous les habitans de la commune , de beaucoup de personnes du pays ; ils sont à votre pleine connaissance , à vous-même. Ainsi une conduite si désintéressée qu'on n'en citerait pas peut-être une semblable depuis cent ans dans tout le canton, est tournée contre moi, et devient sous votre plume un chef d'accusation , au lieu d'un sujet d'éloges. Pour qui cette perfidie ne vous rendra-t-elle pas un objet de mépris ? On vous signalera pour vous fuir , comme on signale un animal méchant en lui mettant du foin dans les cornes. *Fœnum habet in cornu.*

On vient de voir de quel front vous dénaturez les actions les plus louables : c'est de ce même front que vous parlez du legs de 300 fr.

Par un testament du mois d'avril 1801, M. le baron d'Astin, mon grand-oncle, fit de nombreux et forts legs. Les rentes annuelles seules se montèrent à plus de 2,700 francs ; les capitaux furent plus considérables encore. Dans ces capitaux les pauvres des deux communes de Barneville et Saint-Clair eurent 300 francs une fois payés. Tous ces legs furent mis à la charge du légataire universel, M. d'Astin, neveu du testateur. Un de ses premiers soins fut de les acquitter. Le legs de 300 francs fut remis à M. de Bonnechose qui fut chargé , pendant plusieurs années, de nos affaires, et à

M. Bunel, curé, conjointement, pour s'entendre avec les maires et adjoints des communes. Nous n'avons pas le plus léger doute sur l'empressement que ces deux hommes honorables mirent à remplir cette mission sacrée. La veuve du légataire universel en est très convaincue. Son mari mourut un an après le testateur. Personne depuis n'avait pensé à ce legs. Trente ans et deux mois étaient révolus, lorsqu'en juin dernier M. Labey écrivit à M. de Béaumont, époux de la fille unique du légataire, pour en réclamer le paiement. M. de Beaumont répondit qu'il entendait parler de cette affaire pour la première fois, et qu'il m'en référerait. Si je l'avais connue dans l'origine, elle était tout-à-fait sortie de ma mémoire. Ma femme, veuve du légataire, et ayant été commune en biens avec lui, en devait la moitié, ou 150 francs. M. de Beaumont et moi fûmes d'accord de payer, sans autre examen. J'arrivai peu après au château de Barneville, et mon premier soin fut d'écrire que j'étais prêt à acquitter ce legs, sur quittance notariée.

Je disais, dans ma lettre du 25 août 1831, adressée aux maires et adjoints des deux communes, et à vous, par conséquent : si le legs est dû, il faut le payer ; s'il n'est pas dû, il faut le payer encore : il s'agit des pauvres. Il n'y a point de prescriptions pour les pauvres ; il n'y en a pour personne, avec nous. Payer était facile ; j'offrais tout, capital, frais de quittances, frais et faux frais de l'autorisation du gouvernement, qui avait été demandée sans nécessité, puisque nous ne faisions aucune objection pour le paiement. Nous ne marchandions pas avec les pauvres. Tout aurait été fini dans un moment, si nous n'avions eu affaire qu'à M. Bidgrain, adjoint de Barneville ; à MM. Delaplace et Gillouet, maire et adjoint de Saint-Clair. Mais M. Labey était maire ; c'est un magistrat. Je n'entrerai pas dans le détail des difficultés qu'il fit et qui se succédèrent pendant plus de huit jours. Lassé de ces chicanes, je dis à M. Bidgrain : je pars dans deux jours ; je ne veux pas laisser cette affaire en suspens ; êtes-vous d'accord avec MM. Delaplace et Guillouet? Sur sa réponse affirmative, j'ajoutai : eh bien, faites la quittance tous les trois, sur un mot du notaire et sans qu'elle me soit remise (je ne l'ai pas encore), je vous paierai. Je n'ai pas besoin de la signature de M. Labey. Quand il vit qu'on allait se passer de lui, il eut honte et signa comme ces trois Messieurs. Telle est cette grave affaire. Qui pourrait la reconnaître sous la plume du S^r. Labey? Je prends à témoin de ces faits M. Bidgrain que je vois souvent et toujours avec plaisir; M. Delaplace que je n'ai pas vu quatre fois en ma vie, et M. Gillouet que je n'ai jamais vu. Le notaire lui-même, dont je ne sais plus le nom, pourrait, je n'en doute pas, en témoigner aussi.

Voilà les faits, ils sont d'hier. Qu'on dise maintenant de quoi n'est pas capable celui qui empoisonne une telle conduite? Oui, je ne crains pas de l'attester, dans l'heureuse Helvétie, dont moi aussi j'ai *écouté les accens*, dans ce pays où la liberté est ailleurs que dans les mots, le pouvoir populaire ferait justice de ce magistrat improvisé; et la foule, en le précipitant de son siége, s'écrierait : *misérable, tu ne nous jugeras pas!*

Je persiste à soutenir, malgré vos dénégations, qu'on a procédé deux fois à l'élection des officiers et sous-officiers de la garde nationale. Je tiens le fait de bonne source. Vous rapportez bien un certificat qui porte qu'on n'a pas *annulé* d'élection ; c'est une équivoque, un vrai subterfuge ; mais il ne dit pas qu'il n'y a pas eu deux élections, et des changemens lors de la seconde. Or, changer ce qui est fait, c'est détruire ce qui a existé d'abord. Cet réticence m'est suspecte. On semble vous dire : *va pour cette fois ; mais n'y revenez point.* Vous n'auriez pas obtenu un pareil certificat sous la foi du serment judiciaire ; on aurait exigé des explications. Certes, je n'ai pas inventé le fait (1).

J'en dis autant pour ce qui est relatif à l'expression *je veux*, prononcée par vous dans le conseil où étaient plusieurs propriétaires forains ou leurs représentans. Ceux qui ont signé le certificat, les membres du conseil ne l'ont pas ouïe, je le crois ; mais leur déclaration n'est qu'un fait négatif. La discussion fut longue, vive, et tous ceux qui ont été présens à la délibération ne l'ont pas signé. Il y a un autre certificat que vous a donné M. Mioque, particulièrement. Ces deux certificats ne se ressemblent point. Celui du forain Mioque a une verdeur qui ne se trouve pas sous la plume des voisins conseillers municipaux. Ce n'est pas que je vous soupçonne d'avoir fait ce dernier vous-même. Non ; on sent, au ton brusque et écourté de sa rédaction, qu'il est le faire d'un homme d'esprit, qui sait qu'en fait de choses de complaisance, il ne faut pas parler trop long-temps. Celui de M. Mioque est incisif. Il déclare qu'il ne remarqua pas cette expression *plus particulièrement qu'une autre*, ce qui ne contredit pas formellement ce qui me fut écrit sur cette orageuse séance. Au reste, c'était dans ma première lettre (celle du 29 août) que je vous avais parlé de ces deux faits. Il fallait les dénier. pendant que j'étais sur les lieux, je me serais éclairé. Vous m'avez répondu le 5 septembre, et vous ne les avez pas démentis : j'ai dû les croire vrais. Vous n'avez pas, dites-vous aujourd'hui, voulu vous expliquer sur

____

(1) Un des signataires de votre certificat, à qui l'on reprochait d'avoir attesté un faux, répondit : *Bah ! ça ne me fera pas couper l'cou.*

les reproches d'arbitraire que je vous faisais, parce que je ne suis pas votre juge. Erreur. Je suis votre juge; tous les habitans sont vos juges; leurs arrêts sont d'opinion seulement, j'en conviens; mais par un vice de nos lois, qu'il faudra bien réformer un jour ou l'autre, ces arrêts ont besoin de la sanction du préfet. Il faut de lui une sorte *d'exequatur*, attendu que nous sommes libres.

Vous avez présidé aux opérations du cadastre; votre caractère dominateur l'a emporté, et toutes les barrières de la justice ont été rompues à mon égard, et rompues à tel point, qu'il est arrivé que vous, qui avez 4,000 fr. de revenus (c'est vous qui nous donnez ce chiffre), vous ne payez guère que 350 fr. de contributions, et que moi, qui en ai à peine 11,000 dans la même commune, j'y paie 2,900 fr. J'ai fait des réclamations, elles m'ont fait ces ennemis dont vous parlez; mais, en vérité, me taire eût été acheter leur amitié un peu cher! Voilà ce que vous faites quand vous êtes le maître; c'est pour cela que vous cherchez à écarter en toute occasion les propriétaires forains. Si vous démentez ces calculs, le receveur particulier, M. Gillotin est là; il n'y a point d'ambages avec lui, ses gros livres sont positifs comme Barême (1).

Après vous avoir parlé de mes ennemis qui vous ont si bien secondé, c'est le moment de vous parler aussi de mes amis, et notamment de ce Lavater, dont, à ce qu'il paraît, je ne vous ai pas assez parlé. Vous voulez, dites-vous, vous MOQUER DE LUI plus à l'aise. Je ne m'en étonne point. Cet homme illustre avait la même bienfaisance, et presque les

---

(1) J'ai été mieux traité à Saint-Clair Goustranville, commune voisine. J'étais absent aussi; mais les opérations ont été dirigées par M. des Bréholles, homme de conscience, qui les a empreintes de son caractère de probité.

mêmes traits que Vincent de Paul ; mais vous avez trouvé, ce qui m'étonne, un écrivain pour revêtir vos injures de son style. Il a eu du courage.

J'ai hésité à vous satisfaire, ceux qui ne sont pas étrangers aux usages en sentiront la raison. Mais, si je me taisais, vous tireriez parti de mon silence pour en induire que j'étais dépourvu de preuves. Toutefois je dois être bref.

Voici quelques lignes d'une lettre qu'il m'a écrite de sa main ; elle est signée :

« Mon cher Marguerit !

» Le billet que vous avez eu la bonté de me renvoyer n'est » d'aucune valeur, que de celle qu'il me donne occasion de » vous renouveler ma joie d'avoir fait votre connaissance. Dès » le premier moment, j'ai pressenti que je ne vous oublierais » pas facilement.

» Mon affaire avec Shauenbourg semble finie parce qu'on » ne dit rien ; mais je n'ai pas encore reçu aucune réponse de » Luzerne. Je suis tranquille et j'attends ma sentence comme » j'attends mon dîner...

... » Il faut absolument qu'une voix s'élève qui ose dire : » *L'esclavage n'est pas liberté !*

» Encore un mot de confiance..... »

Cette lettre est longue ; la date est ainsi :

29. XI. 1798.

Ce qui signifie : 29 novembre ou onzième mois de 1798.

Il me traita en ami jusqu'à la fin. Je reçus un des billets qu'il avait préparés de sa main, pendant ses longues souffrances, pour annoncer lui-même sa mort aux personnes qu'il affectionnait.

Vous voudrez sans doute voir la lettre que je viens de citer. Je ne manque pas de complaisance pour vous, comme on voit. Eh bien ! remettez cent francs pour les pauvres à M. le desservant de Barneville, et aussitôt je dépose la lettre chez le notaire de Troarn. Je vous ai dit qu'elle était signée; elle n'est pas équivoque : j'ajoute que l'enveloppe est timbrée. Votre curiosité sera satisfaite, et vous ferez une bonne action. La commune du moins se ressentira de celle-là.

Au lieu de vous donner des états de service et de vous expliquer comment il s'est fait que des proscrits fussent dans les rangs des armées françaises, j'aime mieux rapporter ici une anecdote, qui ne sera pas tout-à-fait un hors-d'œuvre.

Nous avions parfois, dans nos misères sur le théâtre de la guerre, des momens heureux où se manifestait ce caractère français qu'on retrouve toujours dans l'occasion. Je payais, dans ce temps, mon écot tout de mon mieux. Je me trouvais à Bâle, au quartier-général de Moreau, où étaient aussi et cet infortuné Lahorie, jeune, étincelant d'esprit, et dont la fin a été si tragiquement déplorable, et les généraux Dessolles et Lamarque (ce dernier était adjudant - général), Guilleminot, alors, je crois, simple capitaine, etc. Nous fûmes invités à un bal brillant, chez un banquier de cette ville. L'Espagnol Marchena, jeune encore, qui avait partagé les proscriptions des Girondins, et que les amis de la liberté de 93 avaient fait traîner à la queue d'un cheval, avec Riouffe, (depuis préfet), avait, malgré ses malheurs, conservé toute la force de son esprit cultivé, et, de plus, une grande gaîté. Le chef de l'état-major général Dessolles se l'était attaché. La musique du bal commença par l'ouverture de la *Mélomanie*, et la belle voix de la très belle mademoiselle Passavant, mérita les applaudissemens de toute l'assemblée. Marchena se crut, dans ce moment, saisi d'une inspiration poétique ; il interrompit le concert pour réciter les vers suivans, qu'il venait de composer :

> A vos doux accords savez-vous
> Pourquoi l'on préluda par *la Mélomanie*,
> C'est que, quand de vos sons l'on entend l'harmonie,
>   Nous sommes mélomanes tous.

Le lendemain matin, ou plutôt le même jour, car le bal s'était prolongé fort avant dans la nuit, Marchena trouva, sous sa serviette, en déjeunant chez Moreau, cette réponse à ses vers que je le priais d'envoyer de ma part, lui-même, à Mlle. Passavant :

> Ce poète étranger exprime bien nos goûts,
> Lorsqu'il dit que vos chants nous rendent mélomanes ;
> Mais ses vers ne font pas le même effet sur nous :
>   Ils guérissent les métromanes.

Cette folie amusa un moment des grands hommes, et Marchena, avec qui j'étais lié d'amitié, en distribua lui-même des copies, et fut le premier à en rire (1).

Les journaux de Paris donnèrent de la publicité à cette plaisanterie.

---

(1) J'ai encore une trentaine de lettres de sa main, les unes en latin et en français, d'autres en Allemand, écrites de l'armée, avant et depuis cette innocente épigramme. Son rare esprit, son érudition, et ses témoignages d'amitié, me les font conserver. Ce fut à cette époque qu'il publia, à Bâle, un fragment de *Pétrone*, prétendu trouvé dans la bibliothèque de l'abbaye de Saint-Gall. Cette supercherie trompa les meilleurs latinistes du quartier-général, et fit beaucoup rire. Il imita l'auteur principalement dans la partie graveleuse dont les militaires s'arrangent assez, et qui est tolérée en latin. Le maître l'a dit ;

Le latin dans les mots brave l'honnêteté.

Me voilà au milieu, non d'une armée russe, mais d'illustres généraux, de gens de courage et d'esprit, et par conséquent bien loin de M. Labey. Je reviens à lui.

Vous êtes un ignorant, vous vous complaisez à le répéter ;
vous le dites d'un ton qui n'est pas sans orgueil. Vraiment,
il n'y a pas de quoi. Ignorant, soit ; ce n'est pas moi qui
viendrai vous contredire. Mais alors pourquoi êtes-vous
maire ? pourquoi conseiller d'arrondissement ? pourquoi sup-
pléant du juge de paix ? Les ignorans ne sont pas là à leur
place. En nous jugeant, avez-vous pris du moins la même
résolution que ce magistrat célèbre, qui, s'étant trompé dans
le rapport d'un procès, répara son erreur aux dépens de sa
fortune ? Admirable exemple de justice, que vous êtes bien
fait pour suivre, sans doute ; mais alors que deviendront vos
quatre mille francs de rentes ?

Réfléchissez donc ! dans quel embarras vous jette cette ignorance dont je ne m'occupe que parce qu'elle nous nuit. Ce
sont aujourd'hui vos huissiers, praticiens instruits, dit-on,
qui vous corrigent, et il est bien tard ; vous êtes dans leur
dépendance, quand, par la nature des choses, vous devriez
les dominer. En effet, vous ne pouvez pas, en conscience,
parler au public, dans vos jugemens, avec votre style et votre
orthographe et sans cérémonie, comme avec moi. Si l'on m'a
bien informé, vous les appelez près de votre grand fauteuil
pour panser, d'une main respectueuse, les infirmités de votre
éducation, et leurs leçons entrent comme partie obligée dans
la police de l'audience. La position est forcée : je ne vous en
blâme pas.

Ah ! si vous n'étiez qu'un ignorant ! qui s'occuperait de
votre ignorance, toute remarquable qu'elle est dans un individu qui cumule tant de fonctions ; mais c'est votre méchan-

ceté, ce sont vos calomnies, si dangereuses dans un homme qui est aujourd'hui le maître du pays, qui doivent fixer au plus haut degré notre attention. Vous n'avez pas été avare de certificats; j'en ai cherché un, mais en vain, et c'était le plus essentiel, sans nul doute, celui qui aurait prouvé mes projets, et des *projets maintes fois répétés* dans le cours de dix-sept années, de réduire les fermiers de M. de Beaumont et les miens à une sorte de servage. Qu'est-ce autre chose, en effet, que de les forcer à porter des sabots au lieu de souliers? à curer eux-mêmes les fossés et rigoles de leurs fermes? et à tout faire sans le secours de domestiques?

Quoique le document qui m'inculpe ait été inséré dans ma première brochure, je crois devoir le reproduire ici; on a bésoin de le voir deux fois. Le voici donc :

« Si nous avions l'honneur d'être connus de vous, vous ne
» nous Traiteriez pas comme des serfs attachés a la glebe,
» vous Monsieur Le Marquis, dont les ancêtres ont eu des
» serfs, vous ne nous envirïez pas nos souliers. Vous ne pré-
» tendriez pas que vos fermiers, qui tous ont un pecule à
» eux, doivent porter des sabots, curer eux mêmes les fos-
» sés et rigoles de leurs fermes, et navoir pas de domes-
» tiques. Tout cela, si Monsieur le Baron ne me l'avoit pas
» maintes fois répété, depuis 1814, ne seroit que RIDICULE. »

Ce n'est pas dans votre enfance que vous avez écrit ces détestables paroles; c'est le 28 août 1831, il y a trois mois : alors vous aviez cinquante ans, et déjà vous cumuliez trois places de magistrature : on vient de le lire; je n'y ai rien changé; c'est votre orthographe, qu'on adoptera sans doute plus tard; c'est votre style, qui ne peut manquer d'être prochainement à la mode. Je ne m'arrêterai pas sur ces serfs que vous regrettez que M. de Beaumont n'ait plus comme ses ancêtres. Je ne suis pas libéral, tant s'en faut ; mais je suis passionnément ami de la liberté, et le temps du servage n'excite en moi aucuns regrets : je ne mêlerai donc point mes larmes aux vôtres. Ce qui fixe toute mon attention et toute ma sollicitude, c'est le sang-froid avec lequel vous me calomniez. Eh quoi ! dans votre réponse, pas un mot là-dessus ! Vous reconnaissez donc, par votre silence, que cette grotesque et ignoble invention n'est qu'un outrage ajouté à tant d'autres noirceurs qui ne vous ont point arrêté. Point de certificats ici ! je les attendais. La calomnie est donc de vous seul : aurais-je dû en douter ? Je regardais autour de moi, et je ne voyais que vous. Ainsi, vous avez voulu appeler sur moi le mépris public ; le vôtre je ne m'en plains pas, Dieu m'en garde ! vous avez cherché à m'attirer la haine des plus honnêtes citoyens, à soulever contre moi l'opinion de tout le pays.

C'est trop.....

Allez donc maintenant, tison de la discorde, allez vous asseoir sur le siége pur des magistrats ! allez, dans vos enquêtes, faire jurer aux témoins de dire la vérité, rien que la vérité.

Vous me demandez la preuve de votre dénonciation contre M. le desservant de la commune (1), elle est dans les bureaux du préfet, d'où vous savez bien qu'elle ne sortira pas pour être mise à ma disposition ; mais les faits parlent. Cet ecclésiastique fut dénoncé pour n'avoir pas fait les offices des journées de juillet, de ces journées si fatales à la France, et que vous seul, peut-être, appelez encore *glorieuses*. Cependant, pour

-----

(1) Vous prétendez, ou plutôt celui qui tient la plume pour vous, prétend qu'il faut dire *paroisse* et non commune. On dit l'un et l'autre. En affaires ecclésiastiques, c'est l'expression *paroisse* qui est employée. Au reste, il en sera ce que vous vous voudrez.

le remarquer en passant, il y a en vous un changement, vous venez de réduire presque à rien, dans votre pamphlet; la demi-aune de ruban tricolore qui flottait à votre boutonnière, et qui, chaque dimanche, à la parade, faisait, par l'élégance de ses nœuds, notre admiration à tous. Mgr. l'évêque manda M. le desservant, pour qu'il eût à s'expliquer sur cette accusation. Qui avait fait connaître à M. l'évêque cet oubli du desservant? Le préfet. Qui l'avait fait connaître au préfet? Nécessairement son agent dans la commune. L'affaire, qui aurait pu être grave, fut civilisée; mais ce ne fut pas votre faute. Le desservant prouva qu'il n'avait pas reçu les ordres à temps; car il faut des ordres pour ces belles journées, tant le zèle est grand. Au reste, je n'ai parlé de cette affaire qu'en termes peu explicites. Vous niez? c'est un retour au bien. Pourquoi avez-vous tant menti? j'aurais cru à votre conversion. Mais lorsqu'il y a dans la commune une action de cette nature, à qui voulez-vous donc qu'on l'impute? Je n'aime pas beaucoup les certificats; mais j'en réclame ici. Il y a eu dénonciation, donc un dénonciateur. Quel est-il? Des certificats! des certificats!

Vous pensez m'accabler en citant une phrase d'une lettre que je vous ai écrite le 4 mars 1819; loin de désavouer ma manière de voir d'alors, je déclare que le temps ne m'en a pas fait changer. Voici cette phrase : « Le préfet veut juger le » pays sans entendre les habitans; c'est moi surtout qu'il dé- » teste, mais il n'a pas le courage de me le dire en face. » J'aurai celui, à la première occasion, de lui témoigner » *combien je méprise les hommes injustes*; il ne m'entendra » pas, car j'ai déjà remarqué qu'il avait l'oreille dure. »

Que pouvez-vous trouver à reprendre à cette phrase, elle prouve que j'étais libre sous la *tyrannie* de Louis XVIII; ne vous

étonnez donc pas si je refuse d'être esclave sous votre liberté.
Je m'exprimais avec force sur le mépris que doivent inspirer
les hommes injustes. C'est une personnalité sans doute qui
vous affecta dès-lors et que vous avez notée, car vous vîtes là
les sentimens que j'aurais pour vous un jour. Obligez-moi de
porter cette lettre, œuvre d'une confidence intime, à M. Target, afin qu'il n'approuve pas dorénavant que vous nous
fassiez faire cinq à six cents lieues quand il s'agira de délibérer sur les chemins vicinaux de la commune.

A entendre votre libelle, je ne pourrais vivre avec personne; je n'aurais pas d'amis sur la terre. Je ne sais pas si j'y
ai des amis; je sais bien que je n'ai rien fait pour y avoir des
ennemis. Où est l'amitié? Où est la reconnaissance? J'ai vu
dévaster un château dans lequel nuit et jour était entretenue
une marmite pleine d'alimens, qu'on ne refusait à aucun des
nécessiteux qui se présentaient. Qui a dévasté ce château? Ceux-
là même que nourrissait l'humanité du propriétaire. Faisons le
bien pour nous-mêmes, et ne comptons pas sur les amitiés. Pour
ce qui me regarde, je ne vois pas toutes ces haines dont vous
m'entourez. Il y a deux fermiers sur la terre de Barneville qui
ont pour 7,000 fr. de fermes dont ils jouissaient avant moi,
dont ils jouissent encore et dont ils jouiront après moi, selon
toute apparence (1). Une autre ferme de 3,000 fr. est, depuis
vingt ans, dans la main d'un homme que j'aime beaucoup,
qui ne paraît pas me haïr, et qui ne demande pas à me quitter.
Un autre objet de 600 fr. est donné depuis vingt-six ans à

---

(1) Il faut dire ici, pour l'exactitude, qu'un de ces fermiers m'a remis
volontairement, il y a trois ans, une partie de sa ferme, que des pertes
éprouvées ailleurs l'empêchaient de conserver intégralement. Il n'en a plus aujourd'hui que pour 2,000 fr.

celui qui en jouit en ce moment. Combien d'autres, pour de moindres locations, je pourrais citer ! Jacques Lechartier a une petite ferme que je lui loue 400 fr., et de plus il est concierge du château depuis 1806. Il a succédé dans cette place à son beau-père, Jacques Vannier, qui l'occupait à sa mort depuis soixante ans. On voit que nous ne sommes pas héréditairement fort changeans et qu'on peut vivre avec nous. Que de personnes sont venues le diffamer près de moi ! Que de gens font votre métier ! Je n'ai pas d'oreilles pour leurs discours.

Vous êtes abonné au *Journal des Débats*, c'est la feuille que je voyais journellement dans vos mains ; elle a sans doute votre confiance. Eh bien! lisez ce billet qui m'a été écrit, il y a peu de temps, par le principal propriétaire, M. Bertin de Veaux, député, hier ambassadeur en Hollande., et qui demain sera ministre.

« Je ferai de mon mieux, mon cher baron, dans l'intérêt de
» la femme Romon, et je vous avouerai que si les faits sont tels
» que vous les croyez, il ne doit pas être impossible de la sau-
» ver ; et pour le tenter, il ne serait pas nécessaire qu'elle me
» fût présentée par un homme que j'aime et que j'estime au-
» tant que j'estime et que j'aime le *vieux* baron de Margue-
» rit. Mille amitiés.

» B. DE VEAUX. »

C'est après vingt-cinq ans de liaisons qu'il me parlait ainsi.

Maintenant je ne refuse pas d'être un ogre sous votre plume ; mais soyez moins inconséquent. Vous - même vous n'êtes jamais venu près de moi sans que je vous aie accordé les terres qui vous convenaient, quand je l'ai pu ; et en ce moment encore, vous jouissez de deux prés, moyennant 250 fr. de loyer, sur une simple promesse en papier libre. Et vos anciennes lettres, comme elles sont obligeantes ! Je n'en donne point un échantillon ici ; le public en a bien assez de celles que je lui ai fait connaître. Il n'y a pas plus d'esprit dans vos complimens que dans vos injures. Vous n'avez donc craint, en aucun temps, de vous compromettre avec ma férocité.

Mon royalisme est vrai et sincère, ce qui n'empêcha pas, dans le temps, M. Benjamin Constant de désirer d'occuper une maison de campagne qui m'appartient. Une lettre fort obligeante de sa main, prouve qu'il ne craignait pas que je le dévorasse plus que les autres. Sa santé l'ayant forcé à partir subitement pour les eaux, la négociation n'eut pas de suite.

Je me suis soulevé contre votre domination, et me voilà un homme inabordable, à l'aspect duquel chacun bientôt devra s'enfuir !

Je ne tiens point mes honneurs des bontés du roi Louis XVIII uniquement, je les tiens aussi de cette glorieuse Charte qui avait si bien pondéré tous les pouvoirs ; qui nous avait donné de si sages libertés que nous n'avons plus ; qui avait créé, et tous ces grands pouvoirs qui chancèlent, et cet admirable ordre judiciaire, qu'aujourd'hui un funeste esprit de parti souille, hélas, de trop d'hommes de votre sorte ; de cette Charte, qu'on a traitée comme autrefois on traita Don Carlos, à qui le bourreau disait, en l'étranglant : *Paix donc, Monseigneur, c'est pour votre bien.* Buonaparte n'avait reconnu de titres que ceux qu'il avait conférés lui-même. Héritier et possesseur des baronnies de Barneville et de Saint-Clair, mes titres, depuis la Charte, ont pris naissance dans cet axiôme : *le mort saisit le vif*, axiôme qui n'est pas connu de vous, mais qui est connu de tous les magistrats.

Vous ne voulez pas de mon voyage à Gand ; je n'y tiens pas plus que vous. Écoutez pourtant : une lettre n'a donc pu être envoyée de la Belgique dans une campagne près de Paris, et partir de là pour sa destination? Ces ruses, dans les temps difficiles, sont-elles inconnues? Pauvre homme! Si vous vouliez un certificat signé du duc de Berry, vous ne me mettriez pas fort en peine.

Je ne sais si quelqu'un a compris votre petit conte sur le mariage d'un marquis. Quand vous serez en verve de gaîté, tâchez d'être clair; car comment voulez-vous qu'on rie avec vous quand on ne vous entend pas? Y avait-il des marquis au temps où vous semblez placer l'événement? je dis que vous semblez, car cela n'est pas moins obscur que le reste. Vous avez craint peut-être, en mettant plus de précision, que le héros ne fût au fond de l'Allemagne, à la date de l'événement, et non en France. Le démenti eût été cruel. Pour ce qui est de moi, je n'ai cherché à me marier qu'une fois; je me suis adressé à une femme qui me connaissait depuis trois ans, qui était ma parente, et j'ai réussi. Vous n'êtes pas marié, vous, et ce n'est pas votre faute. Vous n'étiez pas connu. Vous l'êtes à présent, et vous n'aurez plus qu'à vous présenter.

Vous mettez des paroles dans la bouche de mon frère, qui ne lui appartiennent pas; elles ont pris naissance dans la vôtre. Je vais peu chez lui; il ne me le reproche pas. Je ne puis faire de visites à personne. Ne passant, chaque année, jamais plus de six à huit jours au château de Barneville, je ne dois pas m'absenter. J'y ai des affaires considérables; et ceux qui viendraient me voir seraient exposés à ne pas me trouver. Le but de mon voyage serait souvent manqué. Mais je n'y suis pas venu une seule fois sans que mon frère y ait passé au moins une journée avec moi. A qui dis-je cela? à vous. Mais qui au monde le savait mieux? Vous mentez sciemment encore ici. Vous êtes de ces hommes qui, goûtant à calomnier et à diffamer,

> Une tranquille paix,
> Ont su se faire un front qui ne rougit jamais.

Mais vous qui m'attaquez, voyez-vous tous vos parens, même ceux avec qui vous plaidez ou plaidiez? Je m'abstiens de parler. Dieu me garde de vous imiter en rien.

Ma tâche est remplie. Que les hommes honnêtes et impartiaux prononcent. Je vous avais attaqué pour des actes de votre administration ; je le répète ici en terminant. J'ai repoussé un système qui tendait à faire passer aux propriétaires forains la moitié de leur vie sur les routes, ou à laisser leur fortune à votre discrétion. Cette attaque était dans mon droit, et elle n'était pas sans intérêt. On a vu, sur l'article du cadastre, comment vous en usez. Vous m'aviez menacé de publier les lettres que vous m'écriviez ; je ne craignais rien de cette publicité, et je me suis hâté de vous le prouver, en les mettant moi-même sous les yeux du public. Cette démarche a excité vos fureurs, il faut le dire encore, parce qu'on a vu que vous étiez, par votre éducation et vos procédés, au-dessous de la plus petite place. Ce n'est pas celle-là que votre amour-propre vous assignait. De là est éclos votre libelle. Semblable aux reptiles venimeux, aux animaux poussés par la rage, vous avez cherché à empoisonner une vie sans reproche ; mais pour neutraliser votre venin il m'a suffi de l'analyser au grand jour. Il n'y a pas jusqu'aux pauvres de la commune que vous ne m'opposiez. C'est quinze francs par an que je donne!.... Que diront-ils, les pauvres? Je l'ignore.... tout ce qu'ils voudront : moi, je ne dirai rien. On me connaît, à présent. Votre libelle m'aura, sous ce rapport, été

utile. Vous n'avez rien oublié, pas même les choses où je n'a-
vais eu nulle part. Rien n'est resté sans réponse ; et ces réponses
nécessaires m'ont forcé à me montrer tel que je suis. Je puis
donc dire à présent tout haut, ce que j'ai senti intérieure-
ment toute ma vie :

Le jour n'est pas plus pur que le fond de mon cœur.

Mais vous, qui êtes-vous ? C'est à ceux qui m'ont lu à le
dire. Vous n'avez pas craint de me diffamer en présence d'une
commune qui connaît la noirceur de vos calomnies. Quelle
place espérez-vous avoir dans l'esprit des habitans (1) ?

Voltaire, car il faut prendre de hautes comparaisons avec
un triple magistrat, Voltaire qui avait aussi des ennemis, en
rencontra par hasard un de votre espèce, par hasard, car ils sont
rares, et après l'avoir mis à nu, comme je viens de vous y mettre,
il adressait cette question au comte d'Argental : « Avez-vous
» une haine assez vigoureuse contre cet impudent imbécille, il
» n'y a point en France assez de camouflets, assez de bonnets
» d'âne, assez de piloris, pour un pareil faquin ; s'il ne vous
» a pas mis en colère, je vous tiens pour un homme im-
» passible. »

Ne puis-je pas aussi m'exprimer de la même manière à
l'égard d'un individu qui brave, avec tant d'effronterie, et
la vérité bien connue, et l'opinion de ses propres concitoyens,
qui tous lui donnent un démenti sur des accusations dont la
fausseté n'est pas moins manifeste pour eux que pour lui ? Je

---

(1) Voir la lettre à la fin.

vous quitte en vous disant comme Sganarelle, dans la comédie : « Pardon, Monsieur, des coups de bâton que je vous donne. »

Baron DE MARGUERIT,

Chevalier de Saint-Louis et de la
Légion-d'Honneur.

P. S. Au moment de terminer l'impression de cet écrit, j'apprends que vous ne vous êtes pas contenté d'occuper de ces débats le pays qui nous connaît tous les deux ; votre libelle inonde la contrée que j'habite depuis six ans, à cent lieues de vous. C'est dans mes nouveaux foyers que vous portez la diffamation. J'y vais aussi distribuer ma *réplique.* Cette explication est mon excuse auprès de ceux à qui je l'adresse. Vous ne rougirez pas dans ce pays-là, où vous n'êtes pas connu : rougirez-vous du moins en présence de vos concitoyens ? Ah ! je n'en doute plus à présent, ce n'est pas pour ces derniers que vous avez écrit, et j'avais tort de m'étonner de vos lâches calomnies ; c'est en Picardie que vous vouliez me porter vos coups. Mais je puis dire dans ce pays-là comme dans celui que vous habitez, je puis dire partout :

Examinez ma vie et voyez qui je suis.

Et vous, que pouvez-vous dire ? on voit jusqu'où vous conduit votre prétendu libéralisme ! il faut baisser la tête devant vos actes capricieux et arbitraires. Je le savais, hélas ! dès il y a long-temps, voilà ce qu'on appelle la liberté ! Où cette contradiction entre les choses et les mots nous conduira-t-elle ? Demandez à la feuille que les vents ont détachée du chêne de la forêt, où elle sera demain.

Vous m'avez obligé, pour avoir une première justice du public, à mettre au jour le secret de mes affaires domestiques : *domestica facta*. Je m'étais abstenu de tout ce qui touchait à vos actes privés, à vos rapports de famille, comme la loi et les convenances y obligent; vous avez, vous, tout méconnu, tout foulé aux pieds. Une seconde justice m'est due devant les juges de mon domicile. Je fais mes réserves.

LETTRE.

St.-...., 2 novembre 1831.

« MONSIEUR,

» Je ne sais si vous avez connaissance d'un écrit que le sieur Labey vient de distribuer dans le pays, et qui est dirigé contre vous. Cet écrit virulent n'a pas fait fortune. C'est un tissu de personnalités où la méchanceté même ne peut trouver pâture, parce qu'à la connaissance de chacun les faits sont faux ou dénaturés. On veut de la vérité dans les accusations; qu'est-ce que des mensonges? on peut en faire contre tout le monde : c'est là ce qui rend la calomnie odieuse.

» Et par exemple : on sait, depuis trente ans, dans la commune, combien vous secourez de malheureux chaque hiver, et c'est par eux-mêmes qu'on le sait. On a été généralement indigné qu'il ait limité à 15 fr. la somme de vos charités. N'est-il pas notoire que huit ou dix familles reçoivent chacune une pareille somme, ou même une somme plus forte ? Combien de couvertures et de linge n'avez-vous pas donnés pendant le dernier grand hiver, en outre des secours en argent ? Si M. le curé Lamare n'était pas mort, je suis convaincu qu'il ne garderait pas le silence sur cet article.

» Il parle avec autant de mauvaise foi de vos affaires avec Duhomme. Je pourrais témoigner des démarches que vous avez faites pour n'avoir pas ce procès. Qui ignore qu'il vous devait huit à neuf mille fr., et que vous ne lui demandiez pas même d'argent, aucuns intérêts; mais des garanties ou une caution? Est-ce le sieur Labey qui aurait montré cet esprit conciliant, désintéressé? Qu'il n'interroge pas le pays là-dessus.

» Est-ce de la bonne foi que ce qu'il dit de vos rapports avec M. votre frère? Vous ne faites pas un voyage au pays, qu'il ne le voie passer devant sa porte pour vous aller voir. Vos visites à vous sont plus rares. Pourquoi? Ne sait-il pas que vous ne pouvez quitter votre château, où, chaque fois, vous ne passez guère plus de huit jours? Que si vous vous absentiez vos fermiers manqueraient souvent de vous y voir, ce qui serait fâcheux quand on a des affaires. Vous allez peu à Dozcalé; vous y allez cependant; et je n'ai point oublié vous y avoir rencontré, il y a un an, au moment où vous sortiez de chez M. votre frère.

» J'ai ouï dire, comme vous, qu'il y a eu deux élections dans la garde nationale. Tout le pays a retenti aussi des violences du sieur Labey dans la réunion qui a eu lieu chez lui, à l'occasion des chemins de la commune, M. R..., Jean G..., en ont donné des détails qui prouvent qu'il parla en maître, mais ne put emporter la délibération : les certificats ne disent pas le contraire.

» Quelle hardiesse de dire, devant la commune, que vous avez gagné 500 fr. à relouer la ferme d'Écouchés! il n'ignore pas plus que nous que M. Bellanger l'a reprise au même prix. Vous gagnez cela que vous êtes obligé de faire un sacrifice considérable pour le transport des bâtimens dont on change la position.

» Et les Hérout, à qui vous avez donné, comme tout le monde l'a su, une quittance de mille écus sans rien recevoir ! Combien ne perdîtes-vous pas encore avec ce que cette famille vous donna de mobilier en paiement ?

» Mentir avec cette hardiesse en présence de tout un pays, donne la mesure de la délicatesse de Labey ! Il ne tient donc aucunement à l'estime et à la considération ? car, que peut-il supposer qu'on pense de lui ?

» Ce qui l'a vivement affecté, ce sont les preuves d'ignorance que vous avez mises sous les yeux de tout le monde. Ce grand politique a été placé bien bas. On a vu que ce n'était rien du tout qu'un avantageux, sans la moindre éducation. O quelle déconvenue !

» Vous aurez peu d'efforts à faire pour lui répondre, si vous répondez. Le pays n'a pas besoin que vous vous en occupiez, car tout est connu, et ses calomnies sont mises à leur place..... Ce sont vos opinions tranchées et franches qui vous ont fait des ennemis de tous ces hommes qui aujourd'hui s'emparent des fonctions au-dessous desquelles leur nullité se manifeste tous les jours. . . . .

» Vous avez été dans les chevau-légers de la garde du roi. Voilà un des méfaits signalés contre vous dans la *réponse* de Labey. Le roi vous a décoré de la croix de Saint-Louis, de la Légion-d'Honneur, et votre ennemi, quel contraste ! n'a pu porter qu'un bout de ruban tricolore, et encore a-t-il fallu qu'il se le soit donné lui-même : ce qui a fait rire à ses dépens! Labey ne dit pas qui a tenu la plume pour lui. Sans doute celui qui a eu cette complaisance ne veut pas non plus être connu. Tout cela, espérons-le, n'aura qu'un temps. Supportons nos maux avec patience. Ils sont grands ! Les pauvres sont plus nombreux que jamais. Le travail manque aux ouvriers, car, cette année, la récolte des pommes est nulle, et la fabrique du cidre ne peut occuper les bras cet hiver.....

» Le bruit court que le sieur Labey va être juge de paix. Personne ne doute qu'il ait cette place : il y a même des personnes qui disent qu'avant deux ans il sera procureur du roi. Il a acheté des grammaires, un dictionnaire ; il apprend aussi l'orthographe. A cinquante ans il fait son éducation comme s'il n'en avait que dix..... »

Imprimerie de Pihan Delaforest (Morinval), rue des Bons-Enfans, n°. 34.